27
72
F
231164

DERNIÈRE LETTRE
à ma Femme, avant mon Procès

MÉMOIRE
Du Vte RENÉ DE BRUNET

AVIGNON

IMPRIMERIE ADMINISTRATIVE GROS FRÈRES

près l'Hôtel-de-Ville.

1866

Avignon, 26 Novembre 1866.

Ma Chère Amie,

Je prends une dernière fois la plume avant de quitter Avignon. J'ai pensé qu'il était aussi bien de mon devoir de père et d'époux que d'homme d'honneur, de vous dire, ou plutôt de vous rappeler quel a été mon passé, quel est mon présent et quelle est ma volonté pour l'avenir, avant d'engager la lutte qui va s'ouvrir entre nous par la voie judiciaire, et dont le résultat sera infailliblement un jugement qui donnera tort à l'un et raison à l'autre.

Et d'abord, considérons, si vous le voulez bien, quelles seront les suites d'un jugement rendu contre l'un ou l'autre de nous.

1º Celui qui perdra ne sera pas condamné à mort, et par conséquent, à notre âge, nous aurons encore de longues années à nous maudire mutuellement, à nous disputer la possession et l'affection d'un enfant qui, ayant grandi, connaitra le fort et le faible du différend qui sépare son père de sa mère, et qui, ayant atteint l'âge de jeune homme, aura inévitablement à choisir entre l'un ou l'autre, et, quel que soit du reste son choix, sera toujours en dehors du quatrième Commandement de Dieu : « Père et mère honoreras afin que tu vives longuement. »

2º Il faudra payer les frais du procès ; et que ce soit vous ou moi, c'est toujours de l'argent dont votre enfant se trouve privé et qui sera complétement perdu pour lui.

Et, 3º, songez que si, par un jugement, vous êtes condamnée à vivre avec votre mari, vous ne pourrez plus voir en lui qu'un homme qui, invoquant les lois divines et humaines, aura forcé sa femme à quitter sa famille et son pays pour la conduire dans un lieu qui peut-être ne lui plaira pas et au milieu de personnes qu'elle n'a jamais connues. Lorsque votre mari aura gagné son procès, quels pourront être ses sentiments à l'égard d'une personne qu'il sentira journellement à ses côtés, et qu'il saura n'y être que parce qu'elle y est contrainte, bien que, cependant, je croie que vous me connaissiez assez pour savoir qu'il m'est impossible d'en vouloir à quelqu'un ?

Maintenant, arrivons au fait. Je crois que, depuis le 24 Mai 1860, jour où je vous épousai, jusqu'au 27 Mars 1863, jour où je vous quittai, vous n'aviez pas eu à vous plaindre de mes procédés à votre égard ; et quelque minutieuses qu'aient été les recherches faites par différentes personnes, après mon départ, sur ma conduite morale, j'ose assurer qu'elles n'ont abouti qu'à prouver la régularité que j'ai mise à remplir les devoirs de fidélité du mari à l'égard de sa femme, et jamais ni mon père ni ma mère n'auraient amené à mon domicile une femme pour que, prenant son bras, je pusse me soustraire à celle que j'ai légitimement épousée devant Dieu et devant les hommes, (ceci soit dit en passant et sans rancune.) Vous m'avez reproché mon peu de franchise : je prête serment que si je ne vous ai point parlé des pertes d'argent que j'ai éprouvées, c'est que de bonne heure j'ai pu remarquer que ces pertes vous seraient très-sensibles Vous croyant d'une nature impressionnable, j'ai préféré supporter seul le poids de mes revers, que de risquer de vous faire mal en vous les avouant, surtout à une époque où, si vous vous le rappelez, votre santé était bien loin d'être bonne.

Quant à la position de fortune de mes parents, que vous prétendez que je connaissais parfaitement, et qui, du reste, était telle qu'ils l'avaient déclarée lors de mon mariage, je vous certifie devant Dieu que je l'ignorais complétement. L'orsque je vous épousai, je sortais du service militaire ; je n'avais vu mes parents qu'à de rares intervalles, et n'avais jamais eu avec eux des rapports d'affaires, chose qui doit vous avoir été suffisamment prouvée par mon inexpérience en pareilles matières, et par ce que je vous dis un matin, ici, dans ma chambre, avant d'être levé, alors que ma mère était à Avignon, et que je commençais à me douter de la triste réalité.

L'on a prétendu que je m'étais endetté pour rendre service à ma famille. Cela n'est pas. Mais quand cela serait, est-ce donc un crime de se dévouer pour son père et sa mère, et de chercher à leur épargner les ennuis inséparables d'un embarras d'argent ? Je ne sais comment cela s'appelle à Avignon, mais chez moi, cela s'appelle avoir du cœur.

Cependant un jour arriva où, la situation étant trop tendue, le secret devait être connu de tout le monde. Je n'avais reculé devant rien pour en retarder le fatal instant, sachant le mal que cela ferait à des personnes dont je connaissais la droiture et la bonté, et dont, croyez-le bien, je savais apprécier les souffrances aussi bien que les tendres sentiments d'affection dont ils m'avaient donné plus d'une preuve. Et, aujourd'hui que, réduit à les pleurer, je ne puis en appeler à leur souvenir, il me reste cependant une consolation : c'est que du ciel, où ils prient pour moi, ils voient maintenant que mes pensées ont été pures, mes intentions droites, et me rendent cette justice, que, si j'ai commis des fautes, ce n'a été que par faiblesse et inexpérience, et que, du reste, je les ai expiées !

Ce n'est qu'avec peine que je me vois obligé de vous retracer les deux ou trois jours qui précédèrent notre séparation. Mais si je le fais, c'est afin de n'avoir plus jamais à revenir sur ce sujet. Ceci date du jour où, avec une peine infinie, j'obtins enfin de vous l'aveu du véritable but de ce mystérieux pèlerinage à Frigolet, qui n'était autre chose qu'un voyage à Nimes pour obtenir une séparation de bien.

A cette époque, mes créanciers me pressaient ; l'on eût dit que, tous, ils s'étaient donné le mot pour me réclamer leurs créances le même jour. Depuis quelque temps, me voyant acculé ainsi, je ne pouvais même plus dormir ; et l'espérance de réaliser quelques bénéfices, espérance qui, jusqu'alors, m'avait soutenu, m'abandonna subitemen. Un jour, enfin, rappelez-vous-le bien, votre pauvre père m'appela au salon après déjeuner...

Là, je lui énumérai toutes les dettes que j'avais et qu'il ne connaissait pas. Il me parla avec tant de bonté que, je l'avoue et je suis loin d'en rougir, je me mis à pleurer. Il me dit qu'il fallait s'arranger, prendre du temps, et qu'il ferait ce qu'il pourrait pour m'aider à désintéresser ceux à qui je devais. Tout était pour le mieux, et j'étais bien décidé à entrer dans une voie d'économie, lorsque, tout-à-coup, vous m'apportez triomphalement une demande en séparation de bien, afin que je la signe. Que vous dire ? A ce moment, je me sentais, d'un côté, harcelé par mes créanciers. Mon manque d'habitude des affaires me faisait craindre une prise de corps, bien qu'elle ne pût avoir lieu, vu que je n'avais fait aucun effet de commerce. D'un autre côté, je voyais ma femme, la personne que j'aimais le plus au monde, celle sur qui j'avais droit de compter pour m'aider et me soutenir, je la voyais, dis-je, m'abandonner, sans ressource d'aucune sorte, entre les mains d'individus irrités contre moi par les retards que je mettais forcément à les régler. Alors, envisageant d'un regard désespéré mon affreuse position, je ne vis pour moi de salut que dans la fuite. Je me dis que je travaillerais à l'étranger, que je paierais mes dettes, et qu'alors je reviendrais embrasser le pauvre enfant que je laissais au berceau.

Avant de partir, je passai trois jours encore à Avignon, espérant que vous me feriez faire quelques propositions pour le paiement de mes dettes. Mon attente fut vaine. Alors, comme vous le savez, je partis pour Marseille où, à l'aide de quelques amis, j'obtins un passeport. Arrivé à Rome, je cherchai à m'occuper ; mais, ne connaissant pas la langue italienne, je dus renoncer à trouver un emploi. N'ayant plus rien à espérer, je partis pour rejoindre le général Tristani, dont je connaissais le frère, et qui se battait dans la montagne avec les débris de l'armée royale. Mon courage et mes connaissances militaires me firent bientôt un ami de mon général, qui m'attacha à sa personne comme officier d'ordonnance. Inutile de vous parler de toutes les souffrances que j'ai dû éprouver, comme tout le reste de l'armée, car la faim et la soif sont certainement les plus cruels ennemis de ceux qui s'engagent dans une guerre de partisans. Enfin le 27 juin, mon général et moi nous fûmes pris, arrêtés et expédiés sous escorte en France. Le général fut envoyé à Nevers, et moi à Fraisans.

Si vous désirez connaître ma conduite lors de mon arrestation vous pouvez écrire au commandant de gendarmerie à Rome, au général Tristani à Paris, ou à qui vous voudrez ; et vous verrez que ma manière d'agir en cette circonstance a été des plus honorables, et que non-seulement elle a mérité l'approbation de mes chefs, mais encore de personnes très-haut placées dans des partis complétement opposés.

C'est de retour de cette première campagne que je renouai avec vous une correspondance assez suivie pendant quelque temps, mais qui cessa subitement de votre côté, je ne sais trop pourquoi. J'ai conservé toutes vos lettres, et rien n'y fait pressentir le silence obstiné que vous avez gardé tout à coup à mon égard.

Une fois à Fraisans, ma présence à la maison devint nécessaire : mon père s'occupait de créer l'œuvre des pèlerinages à Rome, et ce travail nécessitait de sa part de fréquents voyages à Paris ; bientôt il fut obligé d'y résider à poste fixe, et ma mère, esclave de ses devoirs, dut l'y suivre. Or, comme il fallait qu'une personne restât pour garder le château et suivre de près les affaires qui en ce moment nécessitaient la présence de quelqu'un à la maison, — en ma qualité d'aîné, je restai seul : Ludovic était militaire, et Joseph et Gaston étaient au collége.

Comme, pendant mon séjour en Italie, j'avais étudié la langue de ce pays, je dus, au bout de quelques mois, y retourner, pour faciliter aux personnes qui faisaient le voyage de Rome par le service spécialement organisé pour l'œuvre des pèlerinages, leur séjour en cette ville.

Mon père me donna des appointements, et je demeurai à Rome jusqu'au 30 juin 1864.

Je revins alors pour la seconde fois en France ; et d'après ce que me dit une personne amie, je compris que je devais à tout prix chercher un emploi indépendant qui me permît enfin de vivre tranquillement avec vous et notre enfant.

C'est par cette considération qu'aussitôt arrivé à Fraisans, je demandai à entrer comme employé au chemin de fer. Le chef de gare de Fraisans se trouvait par hasard un de nos cousins :

M. Brunet de la Martinière appuya toutes les demandes que j'adressai à M. Richard, inspecteur principal. Je fus admis comme supplémentaire, et je passai neuf mois à travailler. Mon maximum de temps comme supplémentaire étant arrivé, je demandai à être classé comme comptable de 3e classe ; mais la Compagnie P L M venant d'acheter la ligne de Fribourg, et ayant, par conséquent, tous les employés de cette ligne sur les bras, les places manquèrent ; et je dus, ainsi que bien d'autres, me résigner à ne pas être classé, et par conséquent à quitter la Compagnie, l'emploi de Fraisans étant supprimé.

Votre mère, qui, vers ce temps, a eu plusieurs correspondants ou correspondantes à Fraisans, pourra vous renseigner sur ma conduite à cette époque. Si vous désirez en savoir davantage, vous pouvez écrire à M. de la Martinière, encore chef de gare à Fraisans.

Ne sachant alors que faire, je retournai à Rome pour l'œuvre des pèlerinages. Cette œuvre n'ayant pas réussi, je n'écoutai que mon goût pour la carrière militaire : j'entrai donc au 2e escadron de Dragons pontificaux comme simple cavalier, et je méritai, grâce à ma conduite et à mon travail, d'être nommé, par décision ministérielle, au premier grade, au bout de cinq mois de service. Vous pouvez encore vous renseigner à ce sujet auprès de mon capitaine.

Avant d'aller plus loin, je crois ne pas devoir omettre que, pendant mon séjour aux Dragons pontificaux, mon capitaine me confia un poste d'honneur : ce fut l'escorte du Souverain Pontife à Castel Gandolfo. Tous les jours, j'accompagnais à cheval le Saint-Père dans ses excursions, et pendant les nuits, j'allais faire des patrouilles dans la campagne, bivouaquant au milieu des champs. Cette vie me fatiguant beaucoup, je pris la fièvre le 1er septembre ; je n'en continuai pas moins mon service jusqu'au 14 du même mois, jour où l'on me porta à l'hôpital. Là les peines morales augmentant le mal physique, la maladie fit de rapides progrès ; et, par un singulier rapprochement, le 3 novembre, jour de la naissance de mon Pierre, je reçus le saint viatique. Mais il paraît que mon heure n'avait point encore sonné et que je n'avais pas assez souffert. Pourtant, dois-je vous l'avouer? je me sentais mourir avec joie, pensant que je vous délivrais des serments que vous avez prononcés volontairement il y a six ans, tant au pied de l'autel que devant la loi. C'est à cette époque que je vous écrivis; mais, comme toujours, je n'obtins aucune réponse. Enfin, le 27 novembre, je sortis de l'hôpital et je fus renvoyé en France par décision ministérielle. Sur la demande des chirurgiens j'obtins un congé de convalescence illimité ; puis les docteurs ayant déclaré que la maladie m'avait occasionné des lésions au foie et à la rate qui me rendaient incapable de monter à cheval, j'efus rayé des contrôles de l'armée.

J'arrivai donc en France le 3 décembre 1865, dans un état que je ne saurais vous dépeindre, mais dont un ami qui m'a vu pourra vous donner une idée.

Je fus à Salins, dans ma famille ; et là, dès que je fus rétabli, j'aidai mon frère Ludovic dans son commerce ; et le 22 août, comme nous avions différentes affaires à régler à Lunel, et que à chaque demande que je faisais d'une place, l'on me répondait invariablement : Une place! mais vous en avez une : c'est d'être auprès de votre femme, — je me mis en route pour Avignon, bien décidé à vivre avec vous et mon enfant.

Voilà donc, ma chère amie, mon passé mis parfaitement à jour. Maintenant, arrivons au présent.

Je débarque à Avignon ; et dans la crainte de vous donner une secousse trop violente, je me dis qu'au lieu d'aller immédiatement chez moi, je ferais mieux de descendre à l'hôtel, et de vous faire prévenir de mon arrivée. Je vais à cet effet chez votre notaire. Il me dit qu'il allait vous faire informer de ma présence. Il envoie donc quelqu'un vous trouver, et vous répondez (m'a-t-on dit) à cette personne que vous ne vouliez plus me voir !

Afin de donner plus de poids à cette réponse, vous quittez votre domicile avec votre enfant, et vous vous retirez chez un de vos parents. J'insiste pour avoir avec vous une entrevue devant une tierce personne. Vous me la refusez. Usant alors de mes droits de père, je demande à embrasser mon enfant. Vous me faites répondre que c'est inutile, que je ne le verrai pas. Comme j'avais à continuer mon voyage jusqu'à Lunel, et que les trois jours passés à l'hôtel avaient singulièrement dégarni mon porte-monnaie, je vous priai de me faire remettre 50 francs, qui, je le reconnais, m'ont été prêtés sur billet par la personne chargée de diriger vos affaires. J'employai cette somme à faire le susdit voyage ; puis je revins à Avignon, découragé et la mort dans l'âme.

Pourtant le hasard m'ayant fait rencontrer quelques amis, qui, chose bien rare ! ne m'avaient pas oublié malgré tous mes malheurs, je résolus de ne point abandonner le but que tout d'abord je m'étais proposé d'atteindre en ce voyage. Je prends donc une chambre à l'hôtel, et j'attends patiemment le résultat de nouvelles démarches. La nourrice de mon enfant, sachant que je me trouvais ici, vient me voir ; elle me raconte certaines choses d'intérieur que j'ignorais complétement. Je la charge de différents messages pour vous : tous restent sans réponse ; je la prie de vous remettre une lettre et de donner à mon fils ma photographie, afin qu'il sache au moins qu'il est légitime et que son père existe. Le soir même, je reçois sous enveloppe ma photographie et ma lettre qui m'étaient retournées par une main étrangère, l'adresse n'étant pas de votre écriture. Je demande à la nourrice l'explication de cela : elle me dit que la consigne étant de ne laisser parvenir personne jusqu'à vous, elle avait dû remettre ces papiers entre les mains de votre domestique.

Vous étiez donc sous le séquestre, à dater de ce jour ! J'oublie qu'à quelque temps de là, la nourrice, vous ayant trouvée seule, vous énonça mes intentions : vous lui répondites alors que vous étiez trop jeune pour dire que vous ne vivriez jamais avec moi, mais qu'il fallait avant tout que je prisse une position. Je ne répondis qu'une seule chose à cette objection : c'est que ce ne serait certainement pas lorsque nous aurions 60 ans chacun que nous désirerions être rapprochés l'un de l'autre.

Pensant alors que je devais employer quelque autre intermédiaire, je m'adressai à des personnes qui me semblaient devoir obtenir davantage, en raison du caractère dont elles sont revêtues. Ces personnes ne purent vous voir seule, et la réponse stéréotypée : « Qu'il fasse quelque chose, » fut encore prononcée pour la centième fois.

Une dernière personne enfin se chargea de mes commissions pour vous. Cette personne, je le savais d'avance, était, pour plus d'un motif, plutôt disposée à dire *amen* à tout ce que votre famille pouvait dire, qu'à plaider ma cause, comme ses propres paroles, du reste, l'ont prouvé, car elle dit un jour à l'un de mes amis : « Il faut être avec nous ou contre nous. »

Comme vous le voyez, je ne manquai pas de patience ; je mis toute la bonne volonté possible à obtenir un rapprochement, quel qu'il fût, et j'obtins pour toute réponse l'éternelle phrase : « Qu'il fasse quelque chose. »

Je vous fis demander vingt fois à voir mon enfant, et vingt fois vous me fîtes répondre que je ne le verrais pas.

A la longue, fatigué de votre silence, je me résolus à aller trouver un avocat, et vous fis signifier par huissier d'avoir à rentrer au domicile conjugal. Mais le service était si bien fait, la consigne si bien observée et le factionnaire si vigilant, qu'il fut répondu à l'huissier, lorsqu'il se présenta, que Mme de Brunet n'y était pas : et pourtant elle y était ; mais comme il ne pouvait forcer la porte, il se contenta d'aller déposer l'acte à la mairie. Votre police secrète avait eu la charité d'aller dire à l'hôtel : « Ne lui faites pas crédit ; vous ne serez pas payé ; » — et cependant, afin de payer ma dépense journalière, j'avais déjà vendu ma timbale en vermeil, qui était pour moi un souvenir de famille, le couvert d'argent que j'avais au collége et mon cornet à piston.

Par suite de l'intérêt que me portaient quelques amis auxquels je n'avais point caché l'extrémité dans laquelle je me trouvais, j'eus la bonne fortune de trouver un emploi à Cavaillon, dans les bureaux d'un des entrepreneurs de Chemin de fer. J'acceptai avec reconnaissance, et je partis pour Cavaillon, où je passai un mois. Au bout de ce temps, l'entrepreneur, ayant remis tous ses travaux, n'eut plus besoin d'employés, et je retombai dans la position où j'étais un mois auparavant.

Je crois pouvoir dire que, quoique complétement novice dans le nouveau travail dont j'ai été chargé, cependant, tant sous les rapports d'assiduité que d'honorabilité, aucun reproche ne saurait m'être adressé.

De retour à Avignon, mon frère, qui se trouvait dans le Midi, vint me voir. Mais alors, nous nous trouvâmes tous les deux traqués comme de véritables bêtes fauves !

Et pourtant, que vous avait fait mon frère ? Rien, absolument rien.

Vos limiers (que je connais parfaitement) furent d'hôtel en hôtel, disant partout : « Ne leur faites pas crédit, ils ne vous paieront pas. » Cette amabilité empêcha mon frère de finir quelques affaires commencées, comme, du reste, il le prouvera quand le temps sera venu.

Enfin, une personne qui ne m'avait point oublié et qui s'est montrée pour moi plus qu'un ami, vint à mon secours : elle m'offrit, non-seulement un asile et sa table, mais encore elle m'aida de ses propres ressources, et répondit pour moi chez ceux à qui je devais.

Voilà ma vie depuis six ans jusqu'à ce jour. Tout ce qui suit m'a été rapporté par des personnes dignes de foi.

Il paraît que vous avez été peinée que je ne sois point venu à l'époque de la mort de votre père ; mais cela se comprend facilement, puisque je n'ai pas plus été prévenu de la gravité de sa maladie que de l'époque de sa mort, que j'appris par hasard à Marseille, six mois après, alors que j'étais prêt à m'embarquer pour la troisième fois.

Supposons, du reste, que je sois venu vers cette époque, l'indulgent public n'aurait pas manqué de dire : Il revient parce qu'il sent que sa femme a maintenant de la fortune.

Vous prétendez que je suis cause de l'affreuse maladie qui a conduit votre père au tombeau. Mais, ma bonne amie, demandez comment est mort votre grand-père, et vous verrez que cette maladie est héréditaire, chose que j'ai ignorée jusqu'à présent.

Quand je fus à Avignon, la nourrice de mon enfant me reçut chez elle, et pour ce motif, on lui refusa la porte de la maison où vous êtes enfermée ; bien plus, on lui refusa même un certificat le jour où elle est entrée dans une autre maison. Je sais bien que ce certificat lui a été envoyé dans la suite, mais était-ce là la manière de reconnaître les soins que cette femme a d'abord donnés à notre enfant et ensuite à votre père, soins qu'une sœur de charité elle-même ne donnerait qu'avec répugnance et qu'une femme, seule, doit à son mari ?

Un autre domestique que vous avez eu pendant neuf ans, a été obligé de vous quitter à cause de certaines gens qui paraissent être vos bons amis, grâce à la manière dont ils vont partout débitant que vous aimeriez mieux mourir que de me recevoir chez vous ! Et pourtant, ce domestique vous aime : il a soigné pendant de longs mois votre père, et qui sait le nombre des nuits sans sommeil qu'il a passées au chevet de son lit ! Celui-là aussi vous pouvez refuser de le voir, car il m'a reçu chez lui et j'ai partagé son frugal repas.

Votre fermier de Cavaillon m'a gardé pendant dix jours, et là, grâce à une active bienveillance, toutes les clefs ayant été enlevées, je dus coucher sur la paille dans une étable. Je ne l'en remercie pas moins : il m'a donné ce qu'il avait, et cela de bon cœur. J'ignore s'il a encouru la censure portée par la règle que vous avez établie ; mais, avouez-le, il y a des gens qui ont une singulière manière de prouver leur reconnaissance !

Quant au mode d'administrer les propriétés depuis deux ans, il est assez original. La propriété que vous possédez à la Barthelasse était affermée à mi-fruit. Pour être plus tranquille, vous l'avez mise à rente fixe. Je suis loin de vous en blâmer, je crois même que vous avez bien fait. Elle était amodiée à raison de 5,000 fr. par an, plus quelques quintaux de paille et de foin, ce qui faisait en tout environ 5,500 fr. C'était un très-bon prix, mais ce n'était pas tout : il fallait avoir l'énergie, ou de se faire payer, ou de renvoyer le fermier. Or, vous n'avez fait ni l'un ni l'autre ; vous en avez passé par où il a voulu, et c'est lui qui gouverne. Si vous voulez que je vous dise pourquoi, c'est tout simplement parce qu'il a sa fille au Sacré-Cœur, parce qu'il sait modeler sa figure sur la vôtre, et que, comme un écho fidèle, il va répétant tout ce que vous dites, vous rapporte tout ce que dit le public, mais le tout revu, corrigé et considérablement augmenté ; car, certainement, pour beaucoup de choses, il pourrait réclamer des droits d'auteur ! Je vous dirai plus : c'est que tous ceux qui connaissent son hypocrisie ne peuvent comprendre la tendre affection qui lie votre famille à la sienne. Ce n'est cependant pas pour les soins qu'il donna à celui que vous pleurez. Mais tout est tellement mystérieux de votre part que vous avez peut-être quelque secret motif de le conserver plus près de vous que votre mari.

Votre propriété de Cavaillon est encore mieux administrée : d'abord, une active surveillance y est exercée par vous en général pendant deux ou trois jours par an : aussi, l'année dernière, le vin s'y est gâté, et vous avez dû le faire jeter pendant que de bons gros rats trouvaient un ample dédommagement à leur réclusion dans les festins qu'ils s'offraient mutuellement dans votre tas d'avoine. Heureux rats ! ils s'engraissaient à vos dépens, pendant que votre mari était obligé de vivre de privations ! Ah ! s'il pouvait au moins se nourrir d'avoine, il en obtiendrait peut-être quelques grains à demi rongés !

Cette propriété, si j'ai bonne souvenance, fut estimée 40,000 fr. à l'époque de mon mariage, et le fermier ne voulait pas même vous en faire 600 fr. de revenu. D'où peut venir cette différence ? je l'ignore ; mais, dans tous les cas, il ne faut pas prétendre que certaines personnes aient exagéré leur fortune, lorsque l'on estime le capital d'un rendement de 5 à 600 fr. 40,000 fr., car, si je ne me trompe, les terres devant rapporter au maximum le 2 1/2 0/0 l'intérêt de 40,000 fr serait de 1,000 fr. tandis que le capital de 600 fr. d'intérêt au 2 1/2 est de 24,000 fr. ce qui fait une différence de la bagatelle de 16,000 fr.! De plus, vous avez payé pour faire préparer un terrain afin d'y planter de la vigne ; et depuis deux ans que ce terrain est préparé, la vigne n'a pas été plantée, et les ronces, accompagnées d'une multitude d'autres plantes parasites, y ont repris place, de sorte que c'est un travail à recommencer.

Voilà, ce me semble, plus d'un motif pour vous autoriser à dire ce refrain, que je connais depuis longtemps et que vous répétez sans cesse : « Je n'ai pas le sou ! » Et cependant, cela ne vous a pas empêchée de faire élever à la Barthelasse un monument à St-

Joseph, de changer la disposition d'un parterre, de transplanter des bosquets, de faire mettre une grille devant le monument, de faire abattre quelques arbres fruitiers, et enfin de faire poser des bancs dans de charmants ombrages. Tout cela a été fait avec beaucoup de goût ; et le modeste repas offert lors de la bénédiction du monument devait être excellent, je n'en doute pas. Il ne faut pas oublier non plus le don offert pour la construction d'une chapelle.

Et pendant ce temps, le père de votre enfant était mourant à l'hôpital militaire, soigné, il est vrai, par les Sœurs de St-Vincent de Paul, mais n'ayant rien pour se procurer les adoucissements si nécessaires à un malade. Pourtant il vous écrivait de son lit de douleur, vous demandait quelques secours : mais le cœur était fermé, comme la bourse. Il est vrai qu'il y a des charités qui vous posent, tandis que les autres restent inconnues ; et ces dernières seules sont méritoires, puisque Dieu lui-même nous a dit que notre main gauche devait ignorer ce que faisait notre main droite. Hélas ! c'est avec regret que je me vois obligé de le dire, mais combien de vertueuses dames, leurs beaux yeux modestement baissés, jettent un regard furtif à travers la dentelle d'un voile négligemment baissé, devant une glace, au moment où leur petite main blanche cherche dans une aumonière l'obole qu'elles offrent, rougissantes de joie d'avoir été remarquées, au pauvre, souvent honteux d'être réduit à la recevoir !

Mais je m'arrête, car j'ai déjà trop parlé de mes souffrances ! et à quoi bon augmenter les vôtres, en mettant sous vos yeux le lamentable tableau des miennes ?

Je n'ai, vous le savez, jamais douté de vos vertus ni de vos profonds sentiments de piété ; mais permettez-moi de vous [citer quelques textes de la Sainte Écriture qui me paraissent avoir été passablement oubliés par les personnes qui vous dirigent, et qui ne feraient pas mal d'aller apprendre leur catéchisme. Je suis, vous ne l'ignorez pas, aussi religieux que peut l'être un homme obligé de vivre dans le monde, et je vous déclare que je serais prêt à verser jusqu'à la dernière goutte de mon sang pour la défense de l'Église et de ses droits légitimes ; mais je n'admets pas la fausse dévotion, et je ne saurais comprendre ces anti-protestants qui, croyant avoir reçu les sept dons de l'Esprit-Saint, se livrent sans aucun scrupule, quoiqu'ils soient très-scrupuleux, du reste, à la libre interprétation de l'Évangile, assujettissant le sens de la pensée divine au besoin de leur imagination bornée.

Or, Dieu a dit : « La femme quittera son père et sa mère pour s'attacher à son mari; » mais Dieu n'a point ajouté : A moins que le mari fasse des dettes et qu'il aille défendre mon Vicaire.

Si le mari a eu des torts envers sa femme, l'Évangile nous recommande le pardon des injures, et le Fils de Dieu mourant sur une croix a dit en implorant le pardon de son Père pour ses bourreaux : « Mon Père, pardonnez-leur, car ils ne savent ce qu'ils font. » Dans la première prière que nous balbutions enfant sur les genoux de notre mère, et que nous répétons chaque jour jusqu'à notre dernière heure, ne disons-nous pas : « Pardonnez-nous nos offenses comme nous pardonnons à ceux qui nous ont offensés ? » Et cette prière ne nous a-t-elle pas été donnée par Dieu lui-même ?

Dieu, il est vrai, n'a point dit à la femme : Aimez votre mari ; mais N. S. J. C. n'a-t-il pas maintes fois répété pendant sa vie terrestre : « Aimez-vous les uns les autres ? » Et ne récitons-nous pas encore chaque jour ces mots dans l'acte de charité : « Et j'aime mon prochain comme moi-même ? » — Et si nous pensions le contraire, nous mentirions à Dieu ! Franchement, mieux vaut se taire que de mentir.

L'Église a institué des prières pour unir deux êtres dans le Sacrement de mariage, mais elle n'a pas de prière pour les désunir ; et le catéchisme nous dira qu'un Sacrement imprime un caractère indélébile dans l'âme de celui qui le reçoit.

Je veux bien admettre que quelquefois certains époux feraient bien de se faire exorciser ; mais, que voulez-vous ? ce n'est pas l'usage. Et franchement, bien des gens voués à ce que l'on est convenu d'appeler le célibat volontaire dans le monde, célibat à qui en réalité ils ne se vouent que par suite de quelque défaut physique ou moral, feraient bien aussi d'user de ce remède souverain.

Enfin, voulez-vous que nous remontions à l'ancien Testament? J'ai traduit, il doit y avoir vingt ans, un livre qui se nommait l'histoire sainte ; et dans une des premières pages, Dieu dit à Ève en la chassant du paradis terrestre : « Tu seras sous la domination de l'homme *(eris in potestate viri)*.»

Voilà pour la loi divine. Voulez-vous connaître la loi française ? ouvrez un code, et vous y trouverez un article, qui, je crois, est le 214me, et qui dit : « La femme suivra son mari partout où il lui conviendra de la conduire ; la femme devra obéissance et soumission à son mari, et le mari donnera aide et protection à sa femme. »

Croyez bien, ma chère Aloisia, que si je vous dis toutes ces choses, ce n'est point que je sois irrité contre vous. Je crois vous connaître assez pour savoir qu'au fond vous êtes bonne. L'on m'a bien assez noirci auprès de vous ! Vous êtes mal conseillée ; l'on vous débite un tas de mensonges sur mon compte ; l'on vous peint mes intentions sous des couleurs fausses ; bref, l'on vous fait un monstre de votre mari. Je sais que plusieurs lettres que je vous ai écrites pendant ces trois années d'absence, ne vous ont point été remises ; je sais que plusieurs fois vous avez pleuré en recevant de mes nouvelles ; je sais que vous avez dit à bien des personnes, avec un sentiment de consolation, que votre enfant ressemblait à son père ; je sais que vous avez demandé ce que l'on disait de moi dans Avignon ; et lorsque vous avez su que l'on ne m'accusait que de légèreté de jeunesse et d'inconséquence, vous avez été soulagée. Je sais toutes ces choses, et, croyez-le bien, les sentiments que j'ai éprouvés pour vous les premiers jours de notre mariage, sont aujourd'hui les mêmes qu'ils étaient alors. Depuis trois ans, le malheur m'a donné l'expérience du monde et des hommes. Quand j'avais de la fortune, le nombre de mes amis était grand ; aujourd'hui que j'en ai perdu une partie, il m'en reste bien peu ; et, j'ose le dire, ce sont ceux sur lesquels j'avais le moins droit de compter qui sont venus les premiers à mon secours.

Je crois que vous ne vous méfiez pas assez des conseils que l'on vous donne ; vous n'avez pas assez vécu dans le monde pour le connaître ; et cependant, rappelez-vous qu'il ne tourne qu'autour d'un seul pivot, l'égoïsme, et qu'il n'a pour moteurs que l'ambition et la fortune, le tout couvert du masque de l'hypocrisie. Soyez persuadée qu'aucun conseil ne vous est donné sans que celui qui vous le donne y trouve son intérêt, tandis que les intérêts de votre mari étant les vôtres et ceux de notre enfant, ses conseils ne peuvent être que tout à fait désintéressés.

Votre mère a dit à quelqu'un que je lui en voulais. Je vous le répète je n'en veux à personne au monde, pas même à mes plus mortels ennemis.

Ce que je désire, c'est de vivre tranquillement avec vous, en vous faisant oublier, par de longues années de bonheur, les jours malheureux que vous avez eu à passer. Ma volonté ne sera jamais autre que la vôtre, car nous n'avons qu'un seul but à atteindre : le bonheur de notre enfant. Avec de l'économie, petit à petit, je désintéresserai mes créanciers, ce qui, selon moi, est le premier devoir d'un homme d'honneur. Je dois encore dix mille francs. Avec du travail, dix mille francs ne sont pas une somme qu'un homme ne puisse pas payer en sa vie.

Vous voulez que je prenne une position. Certes, je ne demande pas mieux ; mais, malheureusement, il y a plus d'aspirants que de places vacantes, et par conséquent, il faut un temps normal pour arriver à se caser. En attendant cette position, je ne vous demande qu'une chose : c'est d'aller vivre à votre campagne près de Cavaillon, de surveiller activement vos fermiers, en un mot d'être votre homme d'affaire, puisque la fortune est à vous. Soyez persuadée que je ne prétends pas gouverner malgré vous, mais seulement être ce que doit être un mari et un bon père. Je me consacrerai à l'éducation de mon fils, et je pourrai enfin satisfaire mes goûts pour l'étude. Je veux à tout prix mener une vie calme et retirée : je suis plus que lassé des ballottements incessants de la vie mondaine.

Si une première entrevue avec moi vous est trop pénible, envoyez-moi quelqu'un de votre famille : je le recevrai avec bonheur. Mais ne me laissez pas dans l'incertitude, car rappelez-vous que rien au monde ne me fera changer de résolutions, et que, l'adversité apprenant à l'homme à ne compter que sur lui-même, quel que soit le nombre des ennemis qui me seront suscités, n'aurais-je aucun appui sur terre, je lutterai quand même !

Je termine en vous donnant un dernier conseil : il faut quelquefois se laisser aller aux mouvements du cœur, alors même qu'ils sont contraires à la froide raison : croyez-moi, allez au lieu où repose la dépouille mortelle d'un homme dont la vie a été irréprochable, mais qui savait pardonner, comme il vous l'a prouvé un jour où, prenant mon enfant dans ses bras, il est venu me demander pardon de quelques paroles un peu vives qu'il m'avait adressées, et que peut-être je méritais. Ce jour-là, je reconnus toute la grandeur d'âme et toute la bonté de celui qui m'avait appelé son fils ; allez-y, dis-je, et là, priez-le de vous dicter la conduite que vous avez à tenir. Lui, ma chère amie, est près de Dieu, et il vous aimait bien !

Quelques amis m'ont conseillé de faire imprimer ce mémoire, qui, vous étant uniquement destiné, a été écrit sans aucune prétention ; ils m'ont dit que je devais exposer sous un jour véritable mon existence depuis mon mariage, pour démentir tout ce que certains amis de votre famille ont cru devoir dire sur mon compte pensant qu'ils vous honoraient en déshonorant votre mari !

Rappelez-vous que vous portez mon nom, que l'enfant qui est auprès de vous est le mien, qu'il se nomme comme son père, que le blâme donné à son père ou à sa mère retombe sur lui, que je veux, à n'importe quel prix, qu'il soit auprès de moi, et que tout ce qui peut vous avoir été dit par l'un ou par l'autre, quel qu'il soit, en dehors de ce que je vous écris aujourd'hui, doit être considéré comme nul et non avenu.

Ce n'est point votre fortune que je veux, mais bien les douces joies de la famille, et la satisfaction qu'éprouve l'homme qui remplit ses devoirs.

Je vous prie en conséquence de ne pas ajouter plus de foi aux rapports que l'on peut vous avoir fait sur mon compte, que je n'ai cru aux paroles que l'on vous a prêtées.

(1) J'apprends à l'instant que vous avez fait débiter par toute la ville que vous aviez payé 50,000 fr. de dettes pour moi.

Je vous demande, sur l'honneur, de dire la vérité. Lorsque je suis parti je devais 22,000 fr. vous en avez payé 2,000, plus un billet de 1,000, qui vous a été rendu sans avoir été négocié, ma famille en ayant soldé 10,000 pour moi, je reste en devoir 10,000, comme je l'ai dit plus haut; et je suis prêt à le prouver en nommant mes créanciers et en donnant le détail de la dette de chacun d'eux.

En attendant une prompte réponse, veuillez me croire pour la vie ,

Votre meilleur ami ,
René.

Avignon. — Impr. Gros frères.

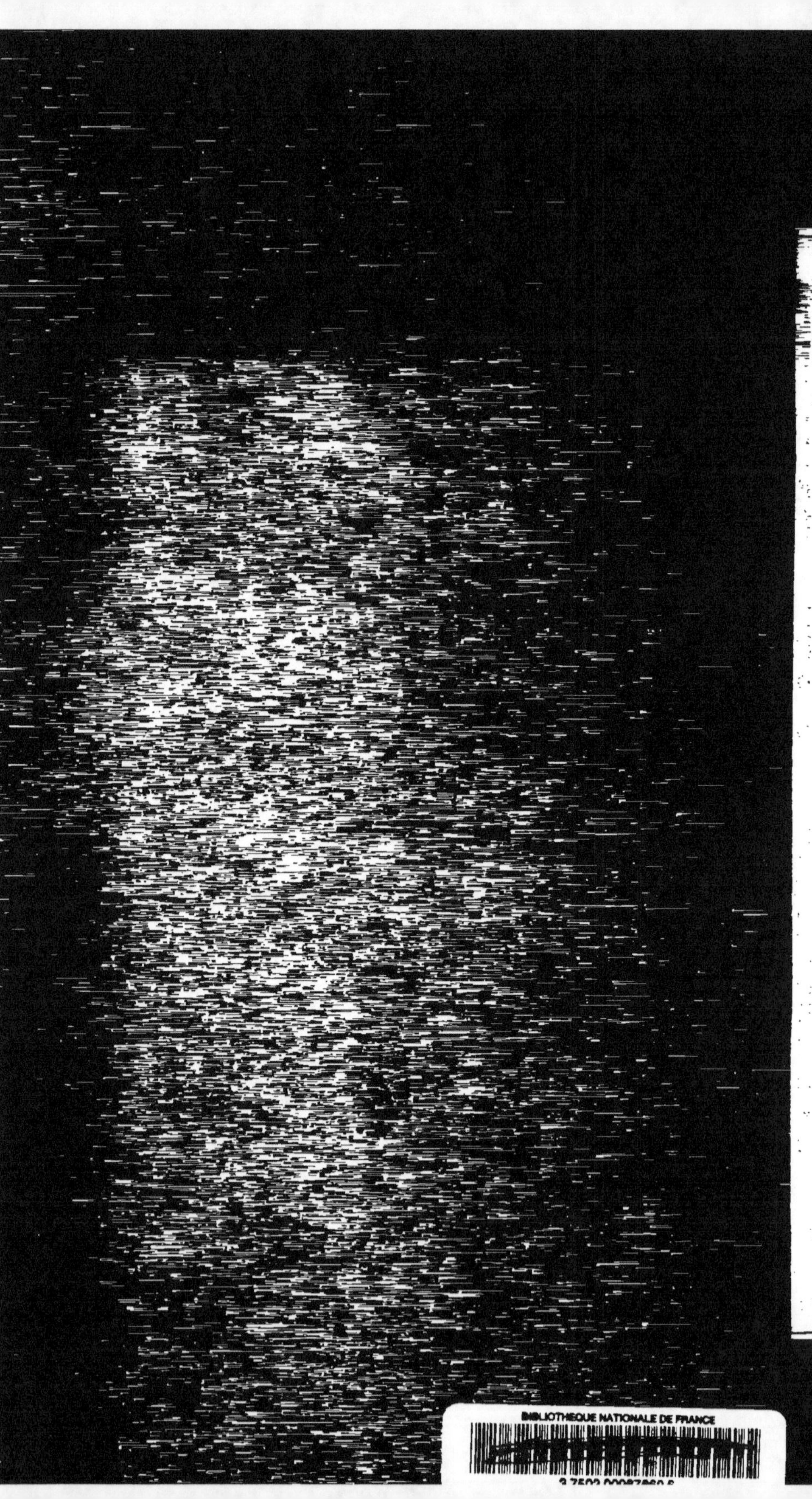